Chant Patriotique.

Paris. — Typographie LACRAMPE et Comp., rue Damiette, 2.

LA FRANCE

ET

SES HOMMES D'ÉTAT,

CHANT PATRIOTIQUE.

PARIS,
DÉPOT CENTRAL, PLACE CAMBRAI, 9;
Et chez tous les Marchands de Pittoresques et de Nouveautés.

1840.

LA FRANCE

ET

SES HOMMES D'ÉTAT.

CHANT PATRIOTIQUE.

Quand du sein calciné de la France rebelle
L'Europe vit jaillir la première étincelle
De l'incendie ardent qui mit le monde en feu,
Les rois, formant entr'eux une infernale ligue,
    Jurèrent d'opposer leur digue
    A ce flot que poussait un Dieu.

Ils croyaient pouvoir dire au torrent populaire,
Comme Léviathan à la mer en colère :
Rentrez dans votre lit, reconnaissez nos lois ;
Mais, loin de voir ses flots remonter vers leur source,
 Le torrent, poursuivant sa course,
 Entraîna la digue et les rois.

Les menaces des rois ne sont pas des oracles ;
Le courage s'irrite à travers les obstacles ;
Dieu seul peut arrêter l'Océan dans son cours.
Les rois mettent dix ans de ruse politique
 A river leur joug despotique ;
 Le peuple le brise en trois jours.

Mais qui ne connaît pas l'histoire paternelle ?
Qui ne sait qu'en ces jours de mémoire éternelle,
Quand l'Europe insultait à notre dignité,
Nos pères, pour réponse à sa menace altière,
 Faisaient tirer sur la frontière
 Le canon de la liberté ?

C'est que pour nos aïeux l'honneur était un culte !

Ils se sentaient trop grands pour souffrir une insulte.

Et le jour où le monde osa les outrager,

A la voix du géant de la place Vendôme,

  Tout le pays, comme un seul homme,

  Parut debout pour les venger.

Oh ! c'est qu'alors la gloire était toute française !

La Révolution, cette ardente fournaise,

Avait purifié le cœur de ses enfants ;

Et dès qu'un citoyen montrait l'ombre d'un vice,

  L'échafaud en faisait justice

  Entre ses deux bras étouffants.

Mais on vit la Terreur, dont la main assassine

Couvrit de ses baisers la rouge guillotine !...

Ah ! faut-il pour cela maudire son pouvoir ?

Non ; car il est sorti tant de vertus sublimes

  De cette sentine des crimes,

  Que le pardon est un devoir.

Vous n'avez pas le droit de condamner nos pères !

De leurs œuvres de sang sont nés vos jours prospères ;

Leurs saintes cruautés sauvèrent le pays.

Vous ! vous en avez fait un objet dérisoire !

    Vous ! vous avez livré sa gloire

    Au mépris de nos ennemis !

Écoutez, écoutez, le tocsin des batailles

Sonne pour nos amis le glas des funérailles !

L'Égypte tend vers vous ses bras ensanglantés ;

Elle appelle à grands cris les soldats de la France ;

    Tromperez-vous son espérance ?

    Tiendrez-vous la foi des traités ?

Les vautours couronnés lorgnent d'un œil de joie

La part qui leur revient de cette riche proie ;

Le partage est tout fait entre ces assassins ;

L'Anglais pèse les lots, et la France alarmée

    N'y met pas le poids d'une armée

    Pour faire incliner les bassins !

Pourtant vous vous flattiez d'arrêter cette audace !
Il est temps que l'effet réponde à la menace !
Montrez à l'ennemi vos canons triomphants ;
Ces canons... tout honteux du vernis qui les couvre,
    Et qu'on fait pavaner au Louvre
    Pour épouvanter des enfants !

Ah ! si la noble Égypte à périr destinée,
Ainsi que la Pologne expire assassinée,
Vous croirez-vous exempts de crime sur son sort ?
Quand Pilate, craignant de déplaire à Tibère,
    Condamna le Christ au Calvaire,
    Fut-il innocent de sa mort ?

Songez donc qu'en secret le monde vous contemple ;
Si de la lâcheté vous lui donnez l'exemple,
Qui croira désormais à notre loyauté ?
La France, grâce à vous, maudite d'âge en âge,
    Ira déposséder Carthage
    De sa vieille célébrité.

Oui, les peuples un jour diront la foi gauloise,
Comme on disait jadis la foi carthaginoise,
Pour citer un état fameux en trahison.
Et ce sont des Français qui, sans remords dans l'âme,
 Ont, par un sacrilége infâme,
  Souillé notre antique blason !

Sans doute qu'en ce temps où l'aigle impériale
Visitait dans son vol l'Europe féodale,
D'un impudique amour subissant les excès,
Vos mères ont commis de secrets adultères !
 Vous n'êtes pas fils de vos pères,
  Les lâches ne sont pas Français !

Non, les impurs traitants qui brocantent la France
Au profit scandaleux de la sainte-alliance ;
L'homme qui, gorgé d'or par d'ignobles moyens,
A trahi le pays dont il était l'arbitre,
 N'ont plus, pour nous, ni droit ni titre
  Au rang sacré des citoyens.

Mais si le ministère en son âme flétrie

Éteint tout sentiment d'honneur et de patrie;

Fidèle à son devoir comme un prêtre à son dieu,

Le peuple, dont la foi n'est jamais altérée,

    Garde l'étincelle sacrée

    De cet inextinguible feu.

Que le pouvoir l'approuve ou qu'il le désavoue,

Il ne laissera pas le soufflet sur sa joue.

Il craint trop le mépris qui suit la lâcheté,

Pour borner sa vengeance à des menaces vaines!

    Le sang qui coule dans ses veines

    Est chaud comme la liberté!

Pour le peuple l'honneur n'est pas une chimère;

Digne fils de la France, il vengera sa mère.

Ce n'est pas le plus fort qui doit subir la loi.

L'Europe ne croit plus à la valeur française,

    Mais un nouveau quatre-vingt-treize

    Peut encor ranimer sa foi.

C'est à vous, nobles fils des héros de l'Empire,
D'extirper le cancer qui chaque jour empire ;
De réveiller les rois sur leur trône endormis.
Vous qu'on trouve toujours armés pour la défense,
 Soldats ! allez laver l'offense
 Dans le sang de nos ennemis.

Tirez le drapeau saint de sa vieille enveloppe ;
Déroulez ses grands plis aux regards de l'Europe ;
Rallumez le volcan des révolutions ;
Placez la Liberté sur le trône du monde,
 Et que votre gloire féconde
 Régénère les nations.

Le jour où, déployant son aile à la victoire,
Les rois verront briller ce talisman de gloire,
Leurs cœurs seront glacés d'une horrible stupeur !
Ce drapeau fait sur eux l'effet de la Gorgonne ;
 Jamais les tyrans sur leur trône
 N'ont pu le regarder sans peur.

Vous avez à remplir un message sublime :
Au glaive des bourreaux arracher la victime ;
Dans les champs de l'erreur semer la vérité ;
Apôtres et martyrs du nouvel Évangile,
    Aller prêcher de ville en ville
    Les dogmes de l'égalité.

Dans ses vieux fondements saper le despotisme ;
Rallumer le flambeau du saint patriotisme
Que les rois ont éteint sous leur souffle jaloux ;
De ce vaste univers faire un peuple de frères ;
    Soldats, dignes fils de nos pères,
    Ce rôle ne convient qu'à vous !

C'est à vous de fixer l'équilibre du monde ;
Ouvrez par l'Orient votre marche féconde ;
Que d'éclat vous attend dans ces pays lointains !
Tous les grands souvenirs des gloires paternelles
    Sont là comme des sentinelles
    Pour applaudir à vos destins.

Quand nos preux, réveillés par un long cri de guerre,
Posent leurs pieds géants sur la terre étrangère,
Le sol garde longtemps l'empreinte de leurs pas.
En vain l'Oubli sur eux plonge une dent rigide ;
    Le Temps les met sous son égide,
    La gloire ne s'efface pas.

Quand vos pieds fouleront cette brûlante plaine,
Peut-être, comme au jour où le grand capitaine
Visitait en vainqueur ces vieilles régions,
Quatre mille ans, debout au haut des pyramides,
    Fixeront leurs regards avides
    Pour contempler vos légions.

Donnez donc une sœur à notre grande armée ;
Marchez à la hauteur de tant de renommée ;
Qui sait dans l'avenir quel sort vous est promis ?
Allez continuer notre grande épopée ;
    La France vous remet l'épée
    Pour en frapper ses ennemis.

Et si, près de partir pour un si long voyage,
Vous sentez en secret faillir votre courage;
Si vos cœurs sont atteints d'un sentiment de peur,
Venez les ranimer au soleil des victoires;
    L'aspect de tant de grandes gloires
    Suffit pour rendre la valeur.

Rassemblez-vous au pied de la grand colonne.
Le géant qui se fit ce gigantesque trône,
L'homme des grands destins, le Titan de ces cieux,
Du haut de son Olympe embrasera vos âmes
    D'un rayon de ces vives flammes
    Qui changent les mortels en dieux.

Monument souverain! colonne triomphale!
Que j'aime à contempler ta base colossale!
Et tes soldats d'airain, vainqueurs des nations!
Et ton fût rayonnant! zodiaque des gloires,
    Dont nos douze grandes victoires
    Forment les constellations!

J'aime ton piédestal plein de royaux trophées,

Ouvrage merveilleux, digne du temps des fées;

Et, sur tes quatre coins qui bornent leur essor,

Ces aigles de l'Empire aux ardentes prunelles,

    Dragons vigilants et fidèles

    Qui gardent notre toison d'or.

Mais l'Empereur attend pour passer la revue;

Venez, jeunes guerriers, vous montrer à sa vue!

Que ce Dieu des combats bénisse vos drapeaux;

Et puis, marchez sans crainte au milieu des alarmes;

    L'Europe mettra bas les armes

    Devant un peuple de héros.

www.ingramcontent.com/pod-product-compliance
Lightning Source LLC
Chambersburg PA
CBHW061622040426
42450CB00010B/2614